PRINCIPES

DE TACTIQUE

EXTRAITS DES

ÉTUDES SUR LA CONDUITE DES TROUPES

Par le colonel d'état-major Verdy du Vernois

DE L'ARMÉE PRUSSIENNE

Par un Anonyme.

Extrait du **Journal des Sciences militaires.**
(Juillet 1874.)

PARIS

IMPRIMERIE ET LIBRAIRIE MILITAIRES

J. DUMAINE

RUE ET PASSAGE DAUPHINE, 30

1874

Paris. — Imprimerie de J. DUMAINE, rue Christine, 2.

PRINCIPES DE TACTIQUE

EXTRAITS DES

ÉTUDES SUR LA CONDUITE DES TROUPES,

par le colonel d'état-major **Verdy du Vernois**,

DE L'ARMÉE PRUSSIENNE.

> « Il serait à souhaiter pour les progrès des sciences humaines, qu'au lieu d'écrire des livres nouveaux, on s'appliquât à faire de bons extraits de ceux que nous avons déjà... »
>
> FRÉDÉRIC II.

Les *Etudes sur la conduite des troupes,* dont on a déjà si souvent parlé, présentent deux ordres de faits : une méthode d'études pratiques, et des préceptes militaires.

La méthode a été expliquée et divulguée par diverses analyses. Quant aux préceptes, il appartient à chacun de les recueillir. Après avoir fait ce travail pour nous, suivant une ancienne habitude, il nous a semblé que sa publication en éviterait la peine à d'autres.

L'utilité qu'on peut en retirer, c'est d'abord de se pénétrer d'une partie des règles tactiques adoptées chez les Prussiens ; c'est, en second lieu, de voir ce qui nous manque et sur quels points doit principalement porter la future réforme de notre instruction.

Ces extraits ont été pris sur la traduction française de l'ouvrage allemand, mais sans s'astreindre à reproduire partout les mêmes expressions. Quant aux mots en italique, ils ont été aussi soulignés, tantôt par nous, tantôt par l'auteur lui-même. Ils ne portent que sur les trois premières parties, c'est-à-dire sur le rôle d'une division d'infanterie et de ses divers éléments avant et pendant le combat.

Enfin, pour rendre les extraits plus saisissants, il a paru utile de les grouper par catégories et d'emprunter celles-ci à nos traités d'art militaire.

Sous cette forme, ils paraîtront peut-être moins arides, et pénétreront ainsi plus profondément dans l'esprit du lecteur.

I

LOGISTIQUE [1].

— Pour tirer un avantage réel de la tactique, il faut qu'elle nous prépare à la conduite des troupes.

— A la guerre, pour se bien guider, il faut toujours de la *netteté dans la conception* et de *l'énergie dans l'exécution.*

— Un bon conducteur de troupes doit savoir :

1º Prendre des décisions claires et judicieuses ;

2º Les communiquer aux autres clairement et nettement ;

3º Diriger ses troupes vers l'accomplissement de ses desseins.

— En marchant à l'ennemi, il faut à une division une avant-garde qui ait assez de fermeté et d'indépendance pour donner par son combat, au reste de la colonne, le temps de se déployer.

— On n'a pas besoin d'une réserve de marche, mais seulement d'une réserve de combat.

— Dans la conduite des troupes, on doit faire tous ses efforts pour maintenir les formations fondamentales de l'état de paix, c'est-à-dire l'ordre de bataille.

— Dans une division en marche, on peut admettre comme règle, de placer toujours en tête du corps principal le régiment qui forme brigade avec celui de l'avant-garde.

— Il faut de l'artillerie aux avant-gardes. Cette arme est celle qui peut causer du dommage à l'ennemi à la plus grande distance ; sa masse doit donc entrer en action avant que la masse de l'infanterie s'engage dans le combat.

— Dans les prescriptions d'un ordre de marche devant l'ennemi, il est souvent nécessaire que les chefs en sous-ordre soient renseignés sur tout ce que le général commandant sait de l'ennemi.

— Une prescription d'ordre de marche doit contenir une communication sur les projets du chef.

— Les ordres de marche écrits ne doivent rien communiquer sur une éventualité de retraite. C'est une indication à transmettre de vive voix.

— Une avant-garde de division ne peut guère couvrir que son front ; pour couvrir les flancs de la colonne, il faut de nouveaux détachements.

---

[1] Il est peut-être utile de rappeler ici la définition de Jomini sur la logistique :

« C'est, dit-il, l'art de bien ordonner les marches d'une armée, de bien combiner l'ordre des troupes dans les colonnes, le temps de leur départ, leur itinéraire, les moyens de communication nécessaires pour assurer leur arrivée à point nommé. »

C'est le fond des devoirs d'un officier d'état-major.

— Dans une colonne en marche, la nécessité d'un combat peut seule motiver un déploiement.

— Dans le voisinage de l'ennemi, en marche, comme au rassemblement du rendez-vous, une troupe doit naturellement se couvrir.

II

DU COMMANDEMENT.

Instruction et principes généraux.

— En ce qui concerne l'étude de la tactique, les jeunes officiers peuvent difficilement se passer de la tactique élémentaire ou appliquée.

— Chacun de nous doit se convaincre que, *à tous les degrés de la hiérarchie*, nous ne devons pas nous contenter des *exercices pratiques* pour développer *notre instruction*. Afin de le faire avec fruit, nous devons *réfléchir* à ces exercices avant et après ; nous devons, dans toutes les positions de service, *consacrer le plus de temps possible à compléter notre instruction théorique.*

— Plus une armée est prête au sacrifice, plus elle a le droit d'exiger de chaque officier *une direction éclairée et intelligente,* soit qu'il commande un peloton, soit qu'il commande une armée.

— Les points qui doivent attirer l'attention des officiers depuis le chef de peloton jusqu'au général en chef, varient avec la nature de leur commandement.

— Il faut, avant tout, que chacun apprenne comment il doit se conduire à la tête de la troupe qu'il commande ; il faut qu'il apprenne son rôle au combat et dans quelles situations il peut se trouver, en général, à la guerre.

Conduite des troupes.

— Dans une opération de guerre, il est indispensable de laisser aux chefs des diverses fractions de troupes une indépendance utile à leur influence et à leur commandement.

— Au combat, le commandement divisionnaire ne doit pas se laisser entraîner à se mêler des détails.

— Le devoir d'un supérieur consiste à donner à son inférieur les ordres nécessaires d'une manière claire et à en surveiller l'exécution. Il ne doit intervenir ensuite que si les dispositions prescrites lui paraissent compromettre le but à atteindre. *C'est une habitude importante à prendre pendant la paix.*

— Le choix du point d'où il dirigera ses troupes est de la plus grande importance pour un chef. Il doit permettre :

De *surveiller l'exécution* des mouvements prescrits ;

De *tenir la réserve* sous la main ;

D'*observer* suffisamment l'ennemi.

Il doit *être facile* à trouver.

— Il est impossible à un chef de diriger convenablement un combat, s'il ne discerne pas clairement les phases principales *de l'action ennemie*. Cette nécessité s'impose plus au commandant d'une division qu'au commandant d'une armée.

— A la guerre, les malentendus et le hasard nuisent plus à l'exécution des ordres que l'indiscipline.

— La transmission des ordres comprend trois éléments : *le chef,* qui peut, en les communiquant, se tromper ou s'expliquer peu clairement ; *le messager*, qui peut mal entendre, oublier en route ou mal exprimer ; enfin *celui qui reçoit l'ordre*, qui peut mal comprendre ou exécuter à rebours.

— Rien n'est moins facile que de bien distribuer les ordres. C'est un art qu'il faut apprendre.

Préparation du combat.

— Un général ne doit pas décliner légèrement le concours qui lui est offert par d'autres troupes [1].

— Le principe connu de marcher toujours au canon peut souffrir des exceptions. Ainsi, on peut être obligé de garder en force un point qui n'est pas encore attaqué par l'ennemi ; dès lors, les troupes qui s'y trouvent ne peuvent se porter qu'en partie au secours de frères d'armes violemment engagés sur d'autres points.

— Les instructions données par l'autorité supérieure aux chefs subordonnés, doivent être assez larges pour leur permettre d'agir suivant leur propre impulsion.

— Il faut exiger que tout officier supérieur, tout général surtout, sache employer toutes les armes dans le combat.

— Il ne faut pas étouffer chez ses subalternes *l'esprit d'initiative* et *l'habitude de réfléchir par soi-même.*

— Un commandant de troupes ne doit jamais manquer de *reconnaître le terrain* sur lequel il doit agir, chaque fois qu'il peut le faire [2].

---

[1] En rapprochant ce précepte de quelques autres émis par l'auteur, on pourrait dire qu'un général doit toujours accepter le concours qui lui est offert par des troupes voisines, quand il a la place pour les déployer, puisque plus on a de troupes au combat, plus on a de chances de vaincre. En présence des masses actuelles et des tendances que la dernière guerre a révélées dans les corps de l'armée française, cette dernière règle nous convient peut-être mieux que l'autre.

[2] Il s'agit ici aussi bien des commandants de troupe en sous-ordre que des commandants en chef.

— La *configuration du sol* doit être étudiée à fond, non-seulement en avant de la troupe, mais encore vers la droite et vers la gauche et même en arrière, en prévision d'une retraite.

— Rien n'ébranle plus profondément la confiance des troupes dans leurs chefs, que les contre-ordres [1].

— Plus que jamais la précision et la portée des armes exigent une grande prudence dans les dispositions de combat, et surtout un *emploi très-judicieux du terrain*.

Du combat.

— Les officiers chargés de porter des ordres doivent être au courant des projets du chef dans leur ensemble.

— Il faut enseigner la guerre au jeune officier, *telle qu'elle se présente en réalité*, afin que de tels moments ne puissent lui causer de surprise.

— L'activité militaire impose à tout officier l'obligation *de rechercher toujours où et comment il peut être utile ;* il doit avoir l'initiative de la pensée et de l'action, et ne pas se borner à recevoir seulement l'impulsion de son chef [2].

— Le commandement doit faire grouper le plus possible les prisonniers par groupes nombreux, et les troupes indispensables à leur conduite doivent être renvoyées aussitôt après à leur corps.

— Pour éviter de faux mouvements et des désordres, le chef le plus élevé en grade doit seul avoir le droit d'employer des sonneries pendant le combat.

— La plupart du temps, au combat, l'autorité supérieure ne doit employer le signal du clairon que pour marcher en avant.

— Au combat, les commandants des brigades et des régiments ne peuvent que donner la direction générale et maintenir la cohésion dans l'ensemble. Mais cela n'est possible que si les officiers inférieurs comprennent aussi qu'ils ont pour mission d'agir de concert et avec cohésion. Dans ce but, il leur faut de nouveau rassembler leur monde et se reformer, toutes les fois qu'ils en ont le temps. Aussi faut-il s'y exercer beaucoup ; il y a plus à apprendre à cet exercice qu'on ne le croit généralement.

— Les troupes qui pénètrent dans des bois, des villages ou dans tout autre terrain coupé et couvert, échappent toujours à la direction supérieure. Raison de plus pour que celle-ci porte toute son atten-

---

1 Il y a des armées qui ont particulièrement besoin de se pénétrer de cette maxime. En ce qui nous concerne, puissions-nous bien nous en convaincre !

2 Nous avons certainement besoin de méditer ce principe ; mais le jour où le commandement supérieur le voudra, il sera facilement appliqué.

tion à garder dans la main tout ce qui ne combat pas en première ligne. On ne peut y parvenir qu'en empêchant les troupes d'aborder trop tôt le terrain où l'œil ne peut pénétrer, et en les réunissant de nouveau en grandes masses.

— Quand il s'agit de combats sur une grande échelle et que le terrain ne permet pas d'y plonger les regards, il y a des moments dangereux qui peuvent facilement changer la face des choses et faire perdre, avec une rapidité surprenante, des avantages chèrement achetés [1].

— A la guerre, il importe au plus haut degré de laisser aux fractions des grandes unités la liberté de prendre la formation réglementaire qui leur convient le mieux en raison du terrain et des circonstances : il importe de les exercer à le faire, sans altérer la cohésion de l'ensemble.

— Il est nécessaire que les officiers qui commandent les lignes en arrière de la première, ou les réserves, fassent, dès le début, tout leur possible pour se renseigner complétement sur le combat engagé en avant d'eux.

— Quand il s'agit de grands corps de troupes, le succès du combat réside plus dans la *manière de les conduire* que dans les *formations à employer*. Il faut donc diriger l'instruction militaire des officiers de la manière la plus large et leur *fournir l'occasion de s'y exercer*.

— Dans les moments critiques, il faut arrêter les troupes qui rétrogradent et prendre des dispositions pour empêcher que leur insuccès n'ait des suites plus fâcheuses, surtout si l'on est pressé par l'ennemi. Il faut rétablir l'ordre, donner des chefs aux troupes qui ont perdu les leurs, et combiner des mesures pour reprendre les positions qu'on avait mission d'enlever ou pour exécuter d'autres projets.

— On ne doit pas, en général, se borner à donner des ordres et à en surveiller l'exécution. Il paraît aussi convenable de s'entretenir parfois avec les officiers en sous-ordre, sur les dispositions qu'ils vont exécuter, chaque fois que les circonstances le permettent.

— On doit se garder d'apprécier *définitivement* les pertes immédiatement après le combat ; il faut un don particulier pour les estimer avec une approximation suffisante ; il faut pour cela avoir pu observer l'intensité du combat aux différents points, et tenir compte de la nature des lieux qui peut plus ou moins favoriser l'efficacité du feu.

— Au combat, on ne doit faire déposer le sac qu'exceptionnellement et seulement dans des conditions excessivement urgentes: par

---

[1] L'auteur veut parler ici de champs de bataille accidentés et boisés.

exemple, si l'on s'attend à des efforts extraordinaires, ou si les forces sont tellement épuisées qu'il faille employer tous les moyens d'alléger les hommes, afin de les ranimer et de les mettre en état de produire de nouveaux efforts.

— On peut admettre que les officiers montés doivent en principe rester à cheval, et qu'ils ne doivent mettre pied à terre que dans les cas où ils ont à se tenir constamment dans la zone la plus efficace du feu [1].

— Il ne convient pas de distraire l'officier d'état-major du service du champ de bataille, au moment du combat, pour se renseigner, comme on le fait au moyen des officiers d'ordonnance, sur les troupes voisines.

III

TACTIQUE DE L'INFANTERIE.

Formations avant le combat.

— A moins de circonstances particulières, le front d'une division d'infanterie qui attaque ne doit pas atteindre 3,000 pas d'étendue.

— Dans le combat d'infanterie actuel, il faut toujours avoir au moins une deuxième et une troisième ligne en réserve, pour combler rapidement les vides.

— Le feu rapide, bien dirigé, d'une ligne déployée est capable de rompre des colonnes.

— Une attaque de front sur des lignes d'infanterie en bonne position a aujourd'hui peu de chances de réussir, si elle n'est pas suffisamment préparée et soutenue par l'artillerie. Même une très-grande supériorité numérique ne sera pas une garantie du succès. Il faudra donc en même temps menacer les flancs de l'ennemi.

— Dans *l'offensive* actuelle, il faut des *formations profondes* pour parer au désordre produit par la puissance du feu de l'ennemi [2].

— La *défensive* utilise d'autant plus l'effet des armes actuelles, qu'elle peut *déployer plus de troupes*. Elle a donc besoin de réserves relativement faibles, mais elle doit veiller sur ses flancs.

— On est appelé plus que jamais à manœuvrer dans le combat. Un front peu étendu et une grande profondeur s'imposent donc par la force des choses.

— Les directions d'attaque de corps importants dépendent le plus souvent de leurs directions de marche.

---

1 Il s'agit ici des officiers d'infanterie montés.

2 Par *formations profondes*, l'auteur entend des formations comportant de nombreuses réserves, placées les unes derrière les autres, et s'étendant ainsi en profondeur.

Anonyme.

— Sur le champ de bataille, dans la marche en avant par régiment, à travers champs, il se forme naturellement trois colonnes, si ce n'est plus ; celle du milieu est tantôt serrée d'un côté, tantôt d'un autre, et chaque colonne se compose de bataillons de régiments différents.

— Il est admis que sur les chemins on marche mieux en trois colonnes qu'en deux ; mais, sur le terrain, on tient d'autant mieux la troupe ensemble, qu'elle se meut en moins de colonnes.

— Quand une brigade d'infanterie forme une aile, chaque colonel maintient ses bataillons en une seule colonne [1].

— Lorsque de grandes masses sont déjà déployées pour le combat, elles sont généralement forcées de se battre quand l'ennemi s'approche, et, la plupart du temps, elles ne sont plus alors en état de pouvoir simplement se retirer.

— On ne peut jamais avoir trop de troupes sur un champ de bataille, quand il est assez grand pour permettre de les déployer. *Plus on y a de forces, plus on a de chances de vaincre.*

— Dans l'armée prussienne, chacun s'est incarné, en chair et en os, le devoir de marcher au feu à tire d'aile et de prendre part au combat.

— La force défensive d'une division d'infanterie qui occupe une bonne position, qui a ses flancs assurés, est telle que, même en face d'une supériorité numérique considérable, elle peut se soutenir une demi-journée, même une journée entière. Mais il en est autrement dans l'offensive [2].

— On doit recommander de ne pas commencer l'attaque d'une position ennemie, avant que toutes les troupes aient terminé leur déploiement.

— Même à armes égales, le défenseur gardera une immense supériorité, dès qu'il aura un large champ de tir devant lui.

— Il n'y a que les circonstances les plus urgentes qui puissent excuser une attaque faite uniquement de front. Il faut, si la chose est possible, combiner toute attaque de front avec une attaque de flanc.

Du combat.

— L'important, c'est d'employer à l'attaque toutes les troupes dont on peut disposer. Dès qu'il ne s'agit pas simplement d'un

---

[1] Il faut entendre qu'il s'agit ici de manœuvres préparatoires du combat et de celles qui s'exécutent pendant l'action.

[2] On a toujours vu la durée de la résistance dépendre de deux éléments : le chiffre des pertes et la valeur morale des combattants. Les exemples modernes les plus frappants de cette force de résistance nous ont été offerts dans la guerre de la Sécession, notamment par les débris de l'armée du général sudiste Robert Lee.

combat, mais d'une opération décisive, et que d'autres corps de troupes sont prêts à former la réserve des combattants, il ne faut pas distraire des troupes disponibles pour l'attaque, une réserve particulière [1].

— Pourtant une division isolée aurait tort de marcher au combat sans se réserver une réserve spéciale.

— Là où il s'agit de produire en tête un effet décisif, un seul bataillon peut décider du succès. Il ne faut donc pas s'en priver [2].

— Au combat, pour marcher sur l'ennemi, le plus court chemin est rarement le meilleur.

— Quand on porte des troupes en avant sur le champ de bataille, il faut laisser aux chefs subalternes le temps de s'orienter et les renseigner.

— L'assaut d'une position ne doit être tenté qu'après avoir été préparé, non-seulement par le feu de l'artillerie, mais encore par celui de l'infanterie.

— Au combat, quand on marche en avant, il faut profiter avec usure de *tous les abris du terrain*.

— Pour pouvoir diriger un combat et faire donner au moment opportun les troupes appartenant à un même corps, il faut les étendre *en profondeur et non en largeur*. Le meilleur moyen d'y arriver, c'est de placer les régiments côte à côte dans la brigade, les bataillons l'un derrière l'autre dans les régiments, c'est-à-dire par *régiments accolés*. Pour préparer le combat, en partant de cette formation, on déploie en partie ou en totalité la ligne des premiers bataillons (fusiliers); on emploie les deuxièmes bataillons à prolonger cette ligne ou à l'appuyer directement; enfin, les derniers, qui sont placés à distance entière, sont employés à couvrir les ailes ou à prendre l'ennemi en flanc.

— Pour avancer au combat, il faut *examiner* très-exactement *le terrain*, car le but essentiel est de rapprocher le feu le plus possible de l'ennemi, pour tirer le plus grand profit de la facilité du tir et des dispositions morales des hommes.

— Dans maintes occasions, on pourra porter tout à coup la ligne de tirailleurs de sa première position, jusqu'à une ondulation de terrain, un fossé, etc., et s'avancer ainsi par bonds.

— Il paraît préférable d'attacher la plus grande importance à faire avancer les hommes sur l'ennemi, en se glissant successivement derrière tous les abris.

---

1 Par l'*attaque*, l'auteur entend le mouvement offensif qui, au combat, suit l'action des feux.

2 Napoléon avait déjà dit : « Amenez au combat jusqu'à votre dernier bataillon : c'est peut-être lui qui décidera la victoire. »

— Il faut toujours veiller à ce que les soutiens des lignes de tirailleurs ne s'engagent qu'en cas de besoin; il faut aussi qu'ils arrivent à temps aux instants critiques.

— Les combats de bois, de villages, se décident, la plupart du temps, par l'entrée en ligne de réserves placées sur les ailes.

— Les pelotons appartiennent à leur compagnie et ne doivent recevoir de mission que du commandant de cette compagnie. Autrement, il n'y aurait plus de direction.

— Au combat, quand on a forcé l'ennemi à faire demi-tour, tout ce qui est engagé doit le suivre sur les talons.

— C'est sur la *formation par régiments accolés* que doit s'effectuer, devant l'ennemi, le déploiement de la brigade. Les bataillons de fusiliers forment *la première ligne*, les deuxièmes bataillons *la seconde*, les derniers bataillons *la troisième ligne* ou la *réserve* du commandant de la brigade. Pour ne pas engager à la fois les bataillons de tête en totalité, il convient de former une *avant-ligne* particulière, en portant en avant deux compagnies de chacun des deux bataillons [1].

— En raison de l'effet destructeur du feu, les dernières lignes doivent offrir à l'ennemi le but le plus restreint possible, et en même temps être en état de pouvoir utiliser pour le mieux les abris du terrain.

A ce point de vue, il suffirait de fractionner la brigade en colonnes de compagnie ou de la disperser en essaims de tirailleurs.

Mais, d'un autre côté, il faut garder dans sa main la possibilité de diriger ses troupes selon ses vues, ce qui semblerait exiger qu'on groupe la brigade par masses compactes.

Ce qu'on peut faire dans la pratique, se trouve entre ces deux extrêmes : *dispersion des groupes*, là où on ne peut avancer autrement ; *concentration partout ailleurs* et dans tous les moments où les circonstances le permettent.

— On adoptera la formation de la *colonne d'attaque*, pour les bataillons de réserve (3e *ligne*) d'une brigade, tant qu'ils ne sont pas exposés au feu direct de l'artillerie ennemie.

— Quand, au contraire, l'artillerie est en pleine action et que le sol n'offre aucun abri pour se garer de ses coups, on ne peut se dispenser de former la dernière ligne en *demi-bataillons* ou en *colonnes de compagnie*.

---

1 De la sorte, une brigade d'infanterie déployée doit former quatre lignes, dont une avant-ligne et trois lignes successives que l'auteur désigne par 1re, 2e et 3e. D'après cette formation, chaque régiment serait déployé de la même façon, sur quatre lignes l'une derrière l'autre : le 1er bataillon formant l'avant-ligne et la 1re ligne; les deux autres bataillons n'agissant que successivement comme réserves ou soutiens du 1er qui est engagé.

— Les masses épaisses des réserves tentent plus les pièces de l'adversaire que les lignes de tirailleurs déployées.

— Dans la *deuxième ligne* on devra maintenir les *bataillons concentrés*, là où le terrain présentera quelques abris, et on ne les déploiera en colonnes de compagnie que dans le cas où ils ne seraient pas suffisamment couverts, pour mieux profiter des moindres ondulations du sol.

— C'est dans la *première ligne* seulement que l'on trouve l'occasion d'employer en tirailleurs de gros essaims, qui peuvent se composer de compagnies entières et même, suivant le besoin, des deux bataillons de tête tout entiers.

C'est ainsi que l'on conçoit la formation à adopter pour l'attaque.

Cependant on peut, dans certaines circonstances, s'écarter de la formation en colonne. On peut se coucher par terre, se mettre à genou, se déployer en ligne, si les accidents de terrain, l'existence d'un fossé, par exemple, permettent de mieux s'abriter. Il peut aussi être avantageux de rapprocher l'une de l'autre les colonnes de compagnie d'un bataillon.

— Dans le *mouvement en avant*, le but qu'il faut se proposer avant tout, c'est de préparer l'attaque par son feu; pour cela, il faut s'approcher le plus possible de l'ennemi.

— Au combat, le mélange des compagnies, plus tard même celui des bataillons est inévitable; il n'en est que plus nécessaire de prendre, dès le début, une formation qui permette de conserver au moins la cohésion dans l'intérieur des régiments.

— Il faut toujours avoir soin de rétablir la cohésion des unités tactiques derrière tous les abris que présente le terrain.

— Plus le moment de l'attaque décisive approche, plus les dernières lignes doivent serrer sur les premières.

— Les soutiens doivent s'engager avant qu'un échec se produise.

— Il faudra prendre, comme distance normale entre les lignes, *une distance considérable;* mais il sera permis de la réduire dans tous les cas où l'on pourra se rapprocher de l'ennemi.

Si l'on admet 400 pas comme distance normale, une formation de trois lignes avec une avant-ligne comprendra 1,200 pas entre les réserves et la ligne de feu la plus avancée[1].

Quand le terrain le permet, il faut rapprocher les soutiens jus-

---

1 En adoptant pour le pas une moyenne de 0ᵐ,65, cela ferait une distance de 780 mètres, soit 800 mètres en profondeur pour le déploiement de chacun des régiments accolés. C'est une distance dont il importe de se rendre compte avec un régiment sur le terrain. Elle mettrait la dernière ligne, c'est-à-dire la réserve, en dehors de la portée efficace du tir de l'infanterie.

qu'à 150 ou 200 pas de la ligne des tirailleurs, dans une position abritée.

— Il ne faut pas entreprendre le dernier assaut à une trop grande distance de l'ennemi ; il faut auparavant faire serrer sur la première ligne les lignes suivantes, afin qu'elles puissent s'engager en temps utile. Une attaque de ce genre a un *caractère décisif*, et, pour la faire réussir, il faut y employer *toutes les forces* dont on peut disposer.

— Une marche résolue des soutiens en avant, au moment du dernier assaut, même dans le cas où les tirailleurs feraient demi-tour, décidera les uns à faire de nouveau face en tête et feu, les autres à se porter en avant de concert avec les soutiens.

— Plus on amène de troupes au feu successivement, plus on se donne de chances de réussir, jusqu'à ce qu'on ait dépensé son dernier homme.

— Le combat en grandes masses doit être l'objet d'exercices exécutés sur une vaste échelle.

— On risque d'échouer quand on emploie à la guerre des moyens trop compliqués, et l'attaque en échelons est et sera toujours une manœuvre compliquée.

— Une attaque de flanc sera toujours d'autant plus efficace qu'on réussira mieux à faire entrer en même temps en action toutes les forces qui y sont consacrées.

— Si l'on veut n'engager ses troupes que successivement, on devra les former sur plusieurs lignes, les unes derrière les autres. Si l'on veut agir contre les flancs de l'ennemi, il faudra le maintenir sur son front et diriger le surplus des forces sur son flanc par le chemin le plus court. Il n'y a pas de formations absolues pour la manière dont l'attaque doit alors se faire.

— Au combat, il faut utiliser tous les instants qui permettent de passer d'un ordre dispersé à un ordre serré ; car c'est le seul moyen de remettre toujours sa troupe dans la main.

— Les attaques en terrain découvert exigent, dans un même régiment, de la part des commandants de compagnie, des mesures très-diverses et autant de précautions que d'habileté.

— Si l'attaque de vive force d'une bonne position, bien défendue par son feu sur son front, est *presque impossible*, elle sera certainement *inexécutable* sous un feu croisé.

— L'infanterie peut repousser par son feu toutes les attaques de la cavalerie, pourvu qu'elle ait un champ de tir devant elle et qu'elle tire avec calme.

Peu importe la formation dans laquelle elle se trouve alors.

— Deux lignes de tirailleurs, surprises par la cavalerie, n'auront rien de mieux à faire que de se coucher, de laisser passer l'attaque et alors de faire feu par derrière la cavalerie. Ce que l'infanterie ferait de pire en de pareils moments, ce serait de courir en arrière pour se rallier.

— En bataille rangée, le front d'une division d'infanterie ne doit pas dépasser de beaucoup 2,000 pas, si l'on veut pouvoir la manier en ordre et lui conserver la cohésion nécessaire.

— Dès que l'ennemi prononce sa retraite, il n'y a plus de raison pour différer plus longtemps l'attaque.

IV

TACTIQUE DE LA CAVALERIE.

Service d'éclaireurs.

— Dans la plupart des cas, de petites patrouilles de cavalerie suffisent pour bien couvrir une colonne. — Plus le terrain est découvert, plus les patrouilles de cavalerie à envoyer en avant doivent être nombreuses.

— Il doit être établi, en principe, que c'est un devoir pour la cavalerie *de garder à grande distance* et d'éclairer sur l'ennemi.

— Pour lancer en avant, dans toutes les directions, de petites patrouilles de cavalerie, quand on est dans le voisinage de l'ennemi, il faut les soutenir par des piquets en arrière, et avoir pour cela une grande masse de cavalerie appuyée par de l'artillerie à cheval.

— L'étendue des sphères d'action à éclairer dépend de la force de cavalerie dont on dispose.

— Généralement la cavalerie divisionnaire doit être employée à éclairer au moyen de petites patrouilles et à relier les colonnes.

Préparation du combat.

— De grandes masses (divisions) de cavalerie ont certainement besoin d'artillerie, dès qu'elles ont une mission indépendante à remplir; on peut même leur adjoindre, selon les circonstances, des divisions entières (4 batteries) d'artillerie montée, en outre des batteries à cheval qui leur sont destinées.

— Sur le champ de bataille, l'action de grandes masses de cavalerie ne se produit qu'après avoir déjà obtenu un effet par un feu longtemps soutenu d'une masse d'artillerie et d'infanterie.

— Pour que la cavalerie puisse prendre part à temps au combat de l'infanterie, il convient non-seulement qu'elle ait un champ d'attaque favorable, mais encore qu'elle trouve une position abritée à proximité de la première ligne.

Du combat.

— La place où la cavalerie peut, en général, exercer son action est facile à reconnaître sur le terrain [1].

— Pour apprécier les services que rend la cavalerie, il faudrait souvent remplacer les mots : *charge heureuse, charge manquée,* par ceux-ci : *attaques utiles* ou *inutiles.*

— Après une attaque, le ralliement de la cavalerie, en présence de l'ennemi, a un tout autre aspect que sur le champ de manœuvre.

C'est une masse désordonnée qui s'emporte comme si elle ne songeait pas à s'arrêter.

Tout cela ne peut produire une impression agréable, et la cavalerie fera bien de se rallier aussi loin que possible.

— Les patrouilles de cavalerie ne doivent pas courir en tous sens, sans donner signe de vie. Elles doivent envoyer des rapports sans interruption. L'avis même qu'il n'y a rien est pour le général en chef d'une haute importance.

— Si une patrouille veut donner des renseignements exacts et complets sur un champ de bataille, elle doit avant tout rechercher le général qui y commande. Il est aussi d'un grand intérêt, pour ce dernier, de recevoir des avis sur la troupe étrangère qui a envoyé la patrouille.

V

TACTIQUE DE L'ARTILLERIE.

Préparation du combat.

— L'*emploi en masse* des batteries est la règle dans la grande guerre ; l'*emploi séparé* n'est que l'exception.

— L'artillerie divisionnaire doit concourir avec toute sa force au but unique tracé à la division d'infanterie dont elle fait partie.

— La batterie placée à l'avant-garde est celle qui a à soutenir le combat le plus longtemps ; il faut donc choisir pour cela celle qui a le plus de munitions.

— En principe, il faut toujours réunir au combat, en première ligne, les batteries divisionnaires sous la direction de l'officier supérieur qui les commande. L'autorité supérieure doit s'en servir comme d'un corps de troupe et savoir la faire agir dans ce sens.

---

[1] Pour nous, qui n'avons guère l'habitude d'étudier le terrain au point de vue de l'emploi des armes au combat, cette facilité peut nous paraître douteuse. Elle existe cependant, et l'assertion de l'auteur est bien exacte.

— Un combat d'artillerie se livrera, en général, à moins de 2,000 pas; néanmoins, au début, on peut, en principe, ouvrir le feu à de plus grandes distances.

— La préparation d'une attaque par le feu de l'artillerie est toujours utile; mais aujourd'hui elle est devenue *si nécessaire* qu'on doit y avoir *absolument* recours, *sur la plus vaste échelle*. Le soutien que doit procurer l'artillerie pendant une attaque n'est pas moins nécessaire.

— L'artillerie divisionnaire est principalement appelée à soutenir le combat de sa propre division, tandis que l'artillerie de corps doit entrer en action là où il paraît convenable de produire un grand effet d'artillerie.

— L'artillerie de corps ne doit nullement être employée comme réserve dans le dernier moment [1].

— Si l'on veut utiliser la force de l'artillerie, son action doit commencer plus tôt que celle de l'infanterie; il faut donc en principe l'envoyer au feu de *bonne heure tout entière*. Il ne faut pas reléguer l'artillerie de corps à la queue d'un corps d'armée; on doit plutôt la rapprocher de la tête, autant que le permettent le terrain et les circonstances.

Du combat.

— Toutes les batteries rassemblées sur un champ de bataille doivent être soumises à une direction unique, émanant du chef le plus élevé [2].

— Le général de division doit s'habituer à considérer ses 24 pièces comme formant un seul corps, et les traiter comme il traite ses brigades d'infanterie et son régiment de cavalerie. Ce n'est que par exception qu'il disposera des bataillons d'une brigade isolément; il doit en être de même avec ses batteries.

— L'essentiel pour l'artillerie, c'est de trouver des positions qui lui permettent de produire le plus d'effet; si elle n'en trouve pas en dehors du feu de l'infanterie ennemie, elle ne doit pas craindre de mettre en batterie sous ce feu.

— Concentrer le feu de toutes les batteries dans un même but, n'est pas synonyme de réunir toutes les bouches à feu sur un même point.

— La plupart du temps il faut chercher les positions de l'artillerie sur les flancs de l'infanterie.

---

[1] Par *artillerie de corps*, l'auteur entend l'artillerie du corps d'armée, celle que nous avons la mauvaise habitude d'appeler *artillerie de réserve* et d'employer comme telle.

[2] Il s'agit du chef le plus élevé dans l'arme de l'artillerie.

— Au combat, c'est un devoir pour toutes les armes de courir au secours des batteries menacées.

— Il n'est nécessaire de commander des détachements particuliers pour soutenir l'artillerie; que dans les circonstances où elle ne pourrait être protégée à temps par les troupes voisines.

— Une batterie engagée doit savoir changer d'objectif suivant les différentes phases du combat.

— Dans des moments critiques, malgré l'échec de l'infanterie qui l'avoisine, malgré le torrent des fuyards qui reviennent en arrière, l'artillerie n'a pas à songer à sauver ses pièces; elle ne doit avoir qu'un but, celui de repousser l'ennemi.

Il n'y a rien de déshonorant, si l'on perd des pièces qui ont canonné jusqu'au dernier moment l'ennemi marchant à l'assaut, et ce ne peut être l'objet d'un reproche pour l'artillerie.

— Au combat, dès qu'il est bien constaté qu'il y a un effet à obtenir en avant de sa position, l'artillerie doit chercher à gagner du terrain dans cette direction, même au risque d'arriver dans la sphère dangereuse des projectiles de l'infanterie.

— Ce n'est que dans de fort rares exceptions que l'artillerie doit se trouver dans le cas de tirer par-dessus l'infanterie. Il faut alors prendre les plus grandes précautions, car les troupes s'inquiètent d'entendre tirer derrière elles et d'avoir des projectiles qui passent au-dessus de leurs têtes.

— Il est souvent nécessaire de renforcer l'artillerie divisionnaire *sur les points décisifs*.

VI

DU SERVICE DE SANTÉ.

— A la guerre, quoique les détails des soins à donner aux blessés concernent le service de santé, le commandant des troupes en reste toujours responsable.

— Il convient que l'ambulance du champ de bataille soit aussi rapprochée des troupes qu'on peut le faire sans danger.

— Tant que dure le combat, *aucun homme* en état de combattre ne doit, *en aucune circonstance*, accompagner ou porter des blessés à l'ambulance; ce serait le moyen d'offrir trop facilement un prétexte à beaucoup d'hommes pour se soustraire au combat. Tant que le combat n'est pas *décidé et complétement terminé*, aucun homme en état de porter un fusil ne doit être distrait des rangs.

— Le transport des hommes gravement blessés doit se faire exclusivement par les brancardiers et leurs aides.

VII

PHILOSOPHIE DE LA GUERRE [1].

— A la guerre, toute inutilité est un danger.

— Dans le combat, la nature humaine finit souvent par l'emporter sur les dispositions prises par les individus, en vue de l'effet général.

— Il est bon de familiariser les jeunes officiers avec les ombres que présente le tableau de la guerre; car l'imagination de la jeunesse ne se représentera que rarement de telles vérités.

— A la guerre, on voit, même chez la troupe la plus brave et la plus disciplinée, des faits que, sans l'expérience, on n'aurait pas regardés comme possibles [2].

— Le moment qui précède une attaque décisive est intimement lié au moment décisif.

— Le tableau qui se déroule derrière une troupe engagée dans un combat acharné et indécis, est toujours le même. Des blessés, des hommes qui cherchent à se soustraire au danger, des appels peu encourageants aux renforts qui arrivent.

— En ce qui concerne les pertes, après le combat, il est à remarquer que la troupe les exagère généralement, tandis que les chefs d'un rang élevé les estiment trop bas.

---

[1] D'après Jomini, la *philosophie de la guerre* embrasse les combinaisons morales qui se rattachent aux opérations des armées.

[2] L'auteur veut parler ici des défaillances momentanées qui se produisent sur tel ou tel point du champ de bataille.

Paris. — Imprimerie de J. DUMAINE, rue Christine. 2.

9 782329 579658